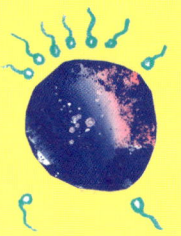

우리는 지구별에
어떻게 왔을까?

글 김바다

시골에서 나고 자라 산이 있고 물이 흐르는 곳을 따라다닙니다. 채소와 곡식을 키우는 도시 농부로 살고 싶어 늘 주변을 두리번거리지요. 제8회 서덕출문학상을 수상했고, 2015년 5학년 1학기 국어 교과서에 동시 〈곤충 친구들에게〉가 실렸습니다.

지은 책으로 동시집 《수리수리 요술 텃밭》《소똥 경단이 최고야!》《안녕 남극!》, 창작동화 《지구를 지키는 가족》《시간먹는 시먹깨비》《꽃제비》《비닐똥》, 지식정보책 《햇빛은 얼마일까?》《쌀밥 한 그릇에 생태계가 보여요》《우리 집에 논밭이 있어요!》《내가 키운 채소는 맛있어!》《북극곰을 구해 줘!》 등이 있습니다.

그림 이유정

힘찬 그림을 좋아합니다. 독자들에게 에너지를 주고 흥겨움을 나눌 수 있으니까요. 어린이들과 책의 세계를 온몸으로 나누기 위해 그림책 연극을 하고 그림책 놀이하는 것을 즐깁니다. 책 세상 속에서 놀고 뒹굴며 살아가는 법을 계속 궁리 중입니다.

《우리 집에 사는 신들》《덩쿵따 소리 씨앗》을 쓰고 그렸고, 《서로를 보다》《여보세요, 생태계 씨! 안녕하신가요?》《달려라! 아빠 똥배》《관찰한다는 것》《독도는 외롭지 않아》《으랏차차 흙》에 그림을 그렸습니다. mmcmkm.com

| 이 책에 대한 설명 |

사람은 이 세상에 어떻게 왔을까요? 대한민국의 어떤 지역에 어느 집에서 태어나야겠다고 마음먹고 태어난 것일까요? 아니에요. 부모님이 낳아 주셨으니까 오게 된 거지요. 식물이나 곤충, 동물, 사람 모두 다 세상에 태어나면 자신의 자손을 남기고 가려고 합니다. 이건 생물의 본능이에요.

이 책에서는 너무나 당연하게 생각하고 무심코 지나치는 식물과 곤충, 동물 들이 어떻게 지구별에 오는지 그림과 글로 잘 보여 줍니다. 세상에 살고 있는 생물 중 그 어느 하나도 하찮고 보잘것없는 건 없어요. 지구별에 온 것 자체가 신비롭고 위대하니까요.

스콜라
꼬마지식인 22

우리는 지구별에 어떻게 왔을까?

김바다 글 | 이유정 그림

위즈덤하우스

재윤이는 과학 백과사전 보는 걸 좋아해요.
그림도 잘 그려서 사전에서 본 동물, 물고기, 곤충,
식물 들을 그려서 벽과 책장, 창문 등에 붙여 놓아요.
모두 재윤이가 좋아하는 생물들이지요.
그래서 친구들은 재윤이를 '생물 박사'라고 불러요.

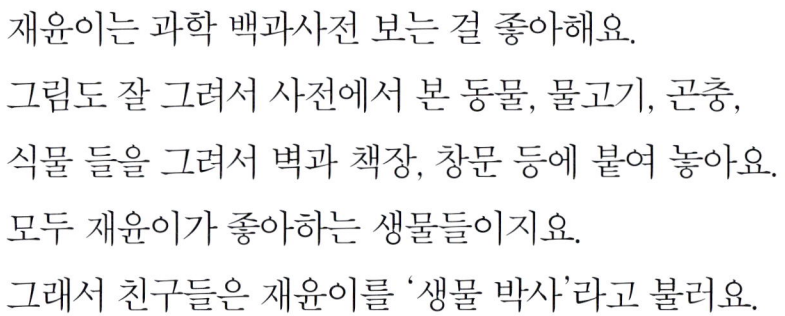

재윤이는 틈날 때마다 벽에 붙어 있는 그림들을 자세히 들여다봐요.
그림 속 생물들이 마치 살아서 꿈틀거리는 것 같거든요.
한참 동안 그림을 보던 재윤이는 갑자기 커다란 궁금증이 생겼어요.
'이 생물들은 지구별에 어떻게 왔지?'
재윤이는 궁금증을 풀기 위해 사전을 찾아보기 시작했어요.

제일 먼저 은행나무에 대해 알아보았어요.
은행은 구린 냄새가 나서 싫지만 노란 은행잎을 조롱조롱 달고 있는 은행나무는 예쁘거든요.
"재윤아, 간식 먹으라는데 안 나오고 뭐 하니?"
엄마가 간식을 가지고 방에 들어왔어요.
재윤이는 은행나무가 자라는 과정을 만화로 그리고 있었어요.
"뭐 하니? 만화 그리고 있었네."
엄마는 재윤이가 그린 만화를 보고 무척 좋아했어요.
"우리 재윤이, 만화도 그릴 줄 알고 제법인데."
재윤이는 으쓱해졌어요.

사과나무는 봄에 꽃이 펴.

벌들이 사과 꽃에 앉아 꿀을 따면서 수술과 암술을 만나게 해 주지.

벌꿀도 따고 사과도 열리니 일석이조!

벌이 없으면 사람이 벌 대신 붓으로 수술을 암술에 묻혀 줘야 해.

깔깔, 간지러워.

수정된 꽃은 떨어지고 그 자리에 열매가 생겨.

꽃잎 안녕~.

초록색이던 사과가 빨갛게 익으면 사과 속에 있는 씨앗도 까맣게 영글어.

다음 해, 봄

이 씨앗을 땅에 심으면 사과나무 새싹이 돋아나지.

토닥토닥

나도 사과가 가득 열리는 커다란 사과나무가 될 테야.

다음 날, 재윤이는 전날 그린 만화를
짝꿍 나현이에게 보여 주려고 학교에 가져갔어요.
"나현아, 내가 그린 만화야."
"이거 진짜 네가 그린 거야?"
재윤이는 대답 대신 웃기만 했어요.
"사과나무는 꽃 피는 걸 알고 있었지만,
은행나무와 소나무도 꽃이 피는지 몰랐어.
이렇게 만화로 보니까 이해가 잘된다. 또 그린 거 있어?"
"아니, 이게 처음 그린 거야."
"동물들도 어떻게 태어나는지 만화로 그려 보면
재미있겠다."
재윤이는 나현이의 말처럼 얼른 집에 가서
동물 만화를 그리고 싶었어요.

재윤이는 나무 그림 밑에 어제 그린 만화들을 이어 붙였어요.
그림마다 이야기가 매달려 있는 것처럼요.
동물 중에 개와 고양이, 돼지가 태어나는 과정을 만화로 그렸어요.
만화 그리는 게 생각보다 쉽고 재미있어서
개구리와 악어, 바다거북도 그려 보았어요.
다 그리고 나서 맨 끝에 '재윤'이라고 사인도 했어요.

다음 날, 나현이는 역시나 재윤이의 동물 만화를
무척 재미있어 했어요.
"재윤아, 나도 만화 그리는 거 배우고 싶어.
이따 끝나고 너희 집에 가서 같이 그려도 돼?"
"응, 좋아."
재윤이는 바로 승낙했어요.
학교가 끝나고 재윤이네 집에 온 나현이는 방 안 가득 붙여진
그림들을 보고 놀랐어요.
"이 그림들, 전부 다 네가 그린 거야?"
재윤이는 어깨가 으쓱해졌어요.
"우리 같이 새가 태어나는 과정을 그려 볼까?"
나현이는 까치를 그리기 시작했어요.
처음 그려 보는 만화가 쉽진 않았지만 재윤이를 따라
끝까지 그려 봤어요.
나현이도 재윤이처럼 완성된 그림 아래에 '나현'이라고 사인했어요.

까치는 물에서 목욕을 한 뒤 짝짓기를 해요. 그리고 나무의 높은 가지 위에 집을 짓기 시작해요.

아직 덜 씻었는데.

집이 완성되면 암컷은 알을 2~7개 정도 낳고 품어요.

우리 아가들 빨리 보고 싶네.

알을 품은 지 17~18일 정도 지나면 새끼들이 부리로 알껍데기를 쪼고 나와요. 눈도 뜨지 못한 채 빠알간 알몸으로요.

청둥오리 수컷은 번식기가 되면 머리와 목은 짙은 녹색이고 부리는 멋있는 노란색 빛깔을 띠지요. 반면, 암컷은 온몸이 갈색이에요.

와, 멋있다.

후훗!

4월에 짝짓기가 끝나면 풀숲에 둥지를 짓고 6~12개의 알을 낳아요.

28~29일 정도 알을 품으면 새끼 오리가 알껍데기를 쪼고 태어나요.

힘내!

유후~.

첫눈에 반했어요.

두루미는 2~3월에 머리를 맞대고 날개를 펼치며 사랑의 춤을 아름답게 추면서 짝짓기를 해요.

둥지는 땅 위에 짚과 마른 갈대를 높이 쌓아서 짓고, 6월경 한 번에 두 개의 알을 낳아요. 알은 암컷과 수컷이 번갈아 품고, 32~33일이면 새끼 두루미가 알을 깨고 나온답니다.

이번엔 내 차례야.

수고해.

큰오색딱따구리는 3~4월에 수컷이 부리로 딱르르르르딱 큰 소리를 울리며 나무를 두드려요. 큰 소리를 듣고 암컷이 찾아오면 짝짓기를 해요.

내 신부 어디 있니?

짝짓기가 끝나면 수컷이 두 달 동안 나무를 쪼아서 둥지를 만들어요. 둥지가 완성되면 암컷이 들어가서 3~5개의 알을 낳지요.

내 집 마련하기 힘들다.

여보, 힘내요. 두 달만 더 파면 돼요.

암컷이 알을 품으면 수컷이 먹이를 잡아서 먹여 줘요.

엄마.

냠냠, 맛있어요.

아빠.

알을 품은 지 14~16일 정도 지나면 새끼가 태어나요.

재윤이가 만화를 잘 그린다는 걸 뒷자리에 앉은
영주와 민우도 알게 되었어요.
"재윤아, 너 만화 잘 그린다며? 우리도 좀 보여 줘."
쉬는 시간에 영주와 민우가 말하자
재윤이가 쑥스러워하며 보여 줬어요.
"오, 멋지다. 이 까치 만화는 나현이가 그린 거야?"
영주는 그림에 있는 사인을 보고 부러워하며 말했어요.
"야, 나도 좀 보자!"
어느새 태석이가 와서 그림을 낚아채는 바람에
까치 만화가 찢어졌어요.

"내가 얼마나 힘들게 그린 건데 이렇게 찢으면 어떡해?"
나현이가 태석이 등을 철썩 소리 나게 때렸어요.
그러자 태석이가 나현이 만화를 꼬깃꼬깃 구겨서 던져 버렸어요.
나현이는 책상에 엎드려 울기 시작했어요.
이걸 본 재윤이가 태석이를 힘껏 밀쳐서 태석이는 옆에 있는
책상에 부딪치며 넘어졌어요.
"아야, 너 왜 밀어?"
태석이가 벌떡 일어나 재윤이 만화도 구겨 버렸어요.
"야! 어떻게 그린 만화인데……."
재윤이가 태석이를 덮치고, 둘은 교실 바닥에서 뒹굴며 싸웠어요.

"그만, 그만!"
수업 시작종이 울리고 선생님이 들어왔어요.
"모두 자리에 앉고 재윤이와 태석이는 앞으로 나와!
나현이는 왜 우는 거야?"
선생님이 재윤이와 태석이가 싸운 이유를 듣고
꼬깃꼬깃 구겨진 만화를 펼쳐 보았어요.

"너네 둘 다 방금 싸운 거 교실 뒤에 가서 반성하고 있어."
둘은 투덜거리며 뒤로 가서 섰어요. 재윤이는 벌을 받긴 했지만
이 일로 만화 실력이 반 전체에 알려졌어요.
쉬는 시간이 되자 아이들이 재윤이 자리로 몰려와서
만화를 보여 달라고 졸랐어요. 재윤이가 만화를 보여 주자
너도나도 그려 달라고 부탁할 정도였지요.

"학교 다녀왔습니다."
재윤이는 현관문을 열고 힘없이 인사했어요.
방으로 들어와 두꺼운 사전을 구겨진 그림 위에 올려놓았어요.
구겨져서 속상하지만 나현이 까치 그림처럼 찢어지진 않아서
다행이라고 생각했어요.
재윤이는 오늘 학교에서 있었던 일을 잊어버리기 위해
곤충들이 태어나는 과정에 대해 책을 찾아보고
만화를 그리기로 했어요.
만화를 그리다 보면 시간 가는 줄 모르고
집중하게 되거든요.

코끼리해표는 코끼리 코를 닮아서 붙은 이름이에요. 수컷들은 대장이 되기 위해 심하게 싸우고 싸움에서 이긴 수컷이 30마리나 되는 암컷과 짝짓기를 한대요. 반면, 싸움에서 진 코끼리해표는 짝짓기를 못하니 안타깝지요.

혹등고래는 수컷이 암컷에게 노래를 불러 주고 사랑 고백을 해요. 또 바다의 의리파이기도 해요. 작은 동물들이 범고래의 공격을 받으면 달려가서 꼬리로 바닷물을 철썩철썩 치며 겁을 줘요.

재윤이의 방 안 곳곳에는 그림 자리마다 만화가 주렁주렁 걸렸어요.
채소 만화만 그리면 모든 그림에 이야기가 생겨요.
재윤이는 자기가 그린 그림들을 보며 흐뭇한 웃음을 지었어요.
호박꽃의 수꽃과 암꽃을 그릴 때는 등불을 켠 것처럼
마음도 환해졌어요. 옥수수의 암꽃인 수염을
그릴 때는 아기의 머리카락을 그리는 것
같았어요. 고소한 땅콩을 좋아하는 재윤이는
땅콩 꽃이 지고 줄기가 땅속으로 들어가서 열매가
맺히는 게 무척 신기했어요. 고구마는 유치원 때부터
여러 번 캐 봐서 그런지 잘 그려졌어요.

옥수수 수염이 너무 간지러워.

땅콩은 노란 꽃이 피면 벌이나 나비가 꿀을 따며 수정을 시켜 줘요.

수정된 꽃이 지면 기다란 줄기가 땅속으로 들어가서 땅콩이 자라기 시작해요. 가을쯤 익은 땅콩을 뽑아 그늘에 말려요.

씨고구마

봄에 씨고구마를 땅에 심으면 고구마순이 자라요. 그 고구마순을 잘라서 넓은 땅에 심어요.

고구마 잎이 나고 줄기가 자라면 땅속에서는 고구마가 자라나지요.

다음 날, 재윤이는 자신이 그린 만화를 모두 학교에 가져갔어요.
다른 친구들도 자기가 그린 만화를 선생님에게 내밀었어요.
"너희 모두 그림 솜씨가 훌륭하구나!
반 친구들이 다 볼 수 있게 뒤에 붙여 놓자."
선생님이 친구들 만화를 게시판에 붙였어요.
재윤이는 '지구별에 어떻게 왔을까?'라고 제목도 붙였어요.
"선생님, 이거 만화책으로 엮어도 되겠어요."
나현이가 재윤이의 만화를 가리키며 말했어요.
"그러네. 꼬마 만화가들이 그린 재미있는 만화책이 되겠는걸."
선생님도 흐뭇해하며 게시판에 붙은 만화를 구경했어요.

집에 돌아온 재윤이는 뭔가 완성하지 못한 게 있는 것처럼
마음이 찜찜했어요.
'뭘까?' 하고 책상에 앉아서 곰곰이 생각해 보았어요.
지금까지 동식물이 지구에 오기까지의 과정을 만화로 그렸는데
정작 자신이 어떻게 태어났는지에 대해서는 안 그렸지 뭐예요.
그래서 인체 백과사전을 꺼내 뒤지기 시작했어요.
어렸을 적 앨범도 찾아보았어요. 갓 태어났을 때부터 백일,
돌잔치 하는 사진, 유치원 때 사진을 보고는 깔깔깔 웃었어요.
아주 작았을 때의 모습은 자신이라고 믿어지지 않을 정도였어요.
그리고 사람은 어떻게 태어나는지 그림과 설명으로 보여 주는
만화를 그리기 시작했어요.

엄마와 아빠는 서로 사랑하여 결혼했어요. 생물들은 모두 후손을 남겨 자신의 유전자가 이어지기를 원하지요. 엄마의 반과 아빠의 반이 만나서 내가 만들어졌어요.

엄마와 아빠가 서로 사랑을 나누면 아빠 몸속의 많은 정자가 엄마의 난자를 찾아가요. 수억 마리의 정자 중 한 마리의 정자만 난자 속으로 들어가서 만나게 되고 수정이 이루어져요. 이때 난자 염색체 23개와 정자 염색체 23개가 합쳐져 46개의 염색체가 돼요.

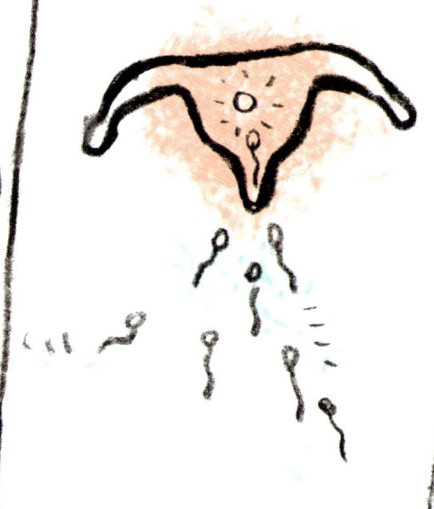

엄마의 뱃속에는 수정란에서 세포 분열이 계속 일어나고 9주째가 되면 사람이라고 알아볼 정도로 자라요. 우리는 그때부터 '태아'라고 불러요. 태아는 계속 자라서 270일이 지나면 우렁찬 울음을 터뜨리며 세상에 태어나게 된답니다.

| 부 록 |

식물의 탄생

식물은 움직이지 못하기 때문에 스스로 꽃가루를 운반하지 못해요. 그 대신 곤충이나 바람, 새, 물이 수술에 있는 꽃가루를 운반해서 암술에 가져다 줘요. 그럼 암술은 그 꽃가루를 받아서 씨앗을 만들지요. 이걸 꽃가루받이(수분)라고 합니다.
그럼 식물의 수분 과정을 좀 더 자세히 알아볼까요?

1. 충매화

곤충이 꽃가루를 운반해서 씨앗이 만들어지는 꽃을 '충매화'라고 해요. 주로 벌, 나비, 나방, 파리, 등에가 꽃가루를 운반하지요.
꽃은 곤충을 끌어들이기 위해 여러 가지 예쁜 색의 꽃잎을 만들고 향기를 내뿜어요. 꽃 속에 꿀샘을 숨겨 놓고요. 꿀을 잘 빨 수 있도록 꿀샘이 있는 위치에 맞게 곤충의 주둥이도 길이나 모양이 닮아 있어요.

충매화에 속하는 꽃
매화, 벚꽃, 사과꽃, 복숭아꽃, 배꽃, 배추꽃, 고추꽃, 호박꽃, 장미 등

2. 풍매화

바람이 꽃가루를 운반해서 꽃가루받이가 되는 꽃을 '풍매화'라고 해요. 풍매화에 속하는 꽃은 크기가 작고 초록색이라 눈에 잘 띄지 않아요. 향기와 꿀샘도 없어요.
꽃가루에는 작은 공기 주머니가 붙어 있어서 바람에 잘 날아가요. 그래서 수술이 달린 가지는 위로 길게 자라고, 암술이 달린 가지는 옆으로 뻗어서 꽃가루받이가 잘되도록 해요.

풍매화에 속하는 꽃
소나무, 잣나무, 자작나무, 버드나무 등

3. 조매화

'조매화'는 새가 꽃가루를 암술까지 운반해 주어서 꽃가루받이가 일어나는 꽃을 말해요. 조매화에 속하는 꽃들은 새가 꿀을 빨기 쉽도록 꿀샘이 자리 잡고 있어요. 새가 꿀을 빨 때 꽃가루가 새의 등에 붙어서 다른 꽃으로 이동하지요.

조매화에 속하는 꽃
동백꽃, 무궁화, 바나나, 선인장 등

4. 수매화

물에 사는 수생식물의 경우, 물이 꽃가루를 운반해 주면서 꽃가루받이가 일어나요.
붕어마름은 꽃가루가 물속에 흩어져서 꽃가루받이를 해요. 별이끼와 나사말은 수꽃이 피면 꽃가루가 물에 떠다니는데, 암꽃의 꽃대가 길게 자라 물 위에 뜨면서 꽃가루받이가 일어나지요.

수매화에 속하는 꽃
붕어마름, 나자스말, 별이끼, 나사말 등

동물의 탄생

동물이 태어나는 과정은 크게 세 가지로 나눌 수 있어요. 조류나 어류, 양서류처럼 알을 낳는 동물(난생)과 포유류처럼 새끼를 낳는 동물(태생), 수정된 알을 몸속에 넣고 새끼를 낳는 동물(난태생)이 있지요.
그럼 각각 해당하는 동물의 특징을 알아볼까요?

1. 난생

물고기나 개구리, 새, 곤충 등은 알을 낳아요. 물고기는 대부분 알을 낳는데 암컷이 물속에 알을 낳으면 수컷이 그 위에 정액을 뿌려서 수정을 시켜요. 그 후 큰 물고기가 잡아먹거나 곰팡이가 들어가지 않도록 알을 낳은 물고기가 그 주위를 보호해 줘요.
새는 알 속에서 새끼가 영양분을 먹으면서 자라요. 알에서 새끼가 태어나면 그때부터 어미 새가 벌레를 먹여서 키우지요.
반면, 대부분의 곤충이나 개구리, 물고기는 새끼가 태어나도 암컷이 돌보지 않아요. 대신 한 번에 많은 수의 알을 낳아요.

난생에 속하는 동물
타조, 독수리, 부엉이, 개구리, 도마뱀, 악어, 모기 등

3. 난태생

'난태생'은 수정된 알이 암컷의 몸속에서 자라서 새끼로 태어나는 것을 말해요. 뱀 중에서도 살무사의 경우에는 난태생에 속하고, 그 외 다른 뱀은 난생에 속해요. 망상어는 알이 암컷의 뱃속에서 부화하여 지느러미로부터 암컷의 영양을 흡수해요. 임신 기간 6개월 정도 되면 새끼가 태어나지요.

난태생에 속하는 동물
살무사, 논우렁, 진딧물, 구피, 망상어 등

2. 태생

새끼가 암컷의 몸속에서 자라서 태어나는 걸 '태생'이라고 해요. 주로 포유류가 여기에 많이 속해요. 새끼를 낳는 동물의 특징은 암컷의 젖을 먹고 자라며, 대부분 태어났을 때부터 부모와 새끼의 모습이 비슷해요. 그리고 몸이 털로 싸여 있는 경우가 많지요.
태생에는 소, 말, 기린같이 태어나서 바로 걷는 동물과 캥거루, 다람쥐, 개, 고양이, 사람처럼 일정 기간 암컷의 젖을 먹고 자라야 걸을 수 있는 동물이 있어요.

태생에 속하는 동물
호랑이, 기린, 원숭이, 돼지, 개, 고래, 캥거루, 하마, 사람 등

스콜라 꼬마지식인 22
우리는 지구별에 어떻게 왔을까?

초판 1쇄 발행 2017년 7월 12일 **초판 3쇄 발행** 2024년 12월 1일

글 김바다 그림 이유정
펴낸이 최순영

교양 학습 팀장 김솔미 **기획·편집** 주리
디자인 초록달팽이

펴낸곳 ㈜위즈덤하우스 **출판등록** 2000년 5월 23일 제13-1071호
제조국 대한민국 **주소** 서울특별시 마포구 양화로 19 합정오피스빌딩 17층
전화 02)2179-5600
홈페이지 www.wisdomhouse.co.kr **전자우편** kids@wisdomhouse.co.kr

ⓒ 김바다·이유정, 2017

ISBN 978-89-6247-850-1 74400

* 이 책의 전부 또는 일부 내용을 재사용하려면 반드시 사전에 저작권자와
  ㈜위즈덤하우스의 동의를 받아야 합니다.
* 인쇄·제작 및 유통상의 파본 도서는 구입하신 서점에서 바꿔드립니다.
* 책값은 뒤표지에 있습니다.
* 이 책의 사용 연령은 8~13세입니다.